AF337809

ABOLITION

DU DESPOTISME

EN FRANCE

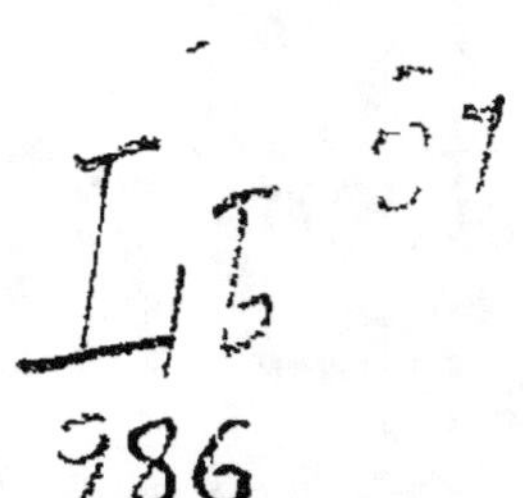

PARIS. — IMPRIMERIE NOUVELLE (ASSOCIATION OUVRIÈRE
rue des Jeûneurs, 11. — G. Masquin et C°.

ABOLITION

DU

DESPOTISME

RÉPUBLIQUE UNIVERSELLE

LE BIEN-ÊTRE RÉPARTI ENTRE TOUS

PAR

P. BORDAGE

Prix : 30 centimes

PARIS

CHEZ L'AUTEUR, RUE SAINT-DENIS, 351

ET CHEZ TOUS LES LIBRAIRES

1871

CITOYENS

Le but de cet ouvrage est de montrer aux peuples de toutes nationalités que la concorde est le seul moyen qui puisse nous unir les uns aux autres. Rejetons tous les moyens de destruction contraires aux lois de l'humanité, nourrissons-nous de sentiments généreux et propres à la conservation du genre humain. Ne nous occupons plus des désastres causés par les monarchies, enterrons-les dans le mépris, et faisons une marque de distinction sur cette troupe de perturbateurs de manière que les générations futures ne s'y laissent jamais prendre. Créons au plus vite ce monde nouveau ; organisons un cercle où chacun pourra s'appuyer sans crainte ; que tout ce qui serait impropre à la conservation en soit rejeté de la manière la plus scrupuleuse, puisqu'on nous traite comme ces populations perdues des temps passés à qui nos ennemis nous ont comparés. Eh bien ! citoyens, sachons faire voir à ces meneurs que ce sont eux qui sont les perturbateurs qui engendrent la corruption humaine. Il est honteux pour

des hommes instruits, qui doivent connaître toutes
les règles de la civilisation, que l'ouvrier soit obligé
de quitter son travail, de se priver de son sommeil, et
de prendre, les uns la plume et les autres le fusil, pour
réparer le mal causé par toutes ces monarchies ; et
l'arme la plus terrible que nous devons aujourd'hui
préparer au peuple allemand est celle qui sera,
comme à nous, propre à sa régénération. Et je ne
cesse de le dire, citoyens, c'est par une organisation
nouvelle, rattachant toutes les nationalités par un
lien qui ne puisse jamais se briser, que nous les
amènerons à se ranger sous la même bannière. Telle
est ma conviction ; c'est de créer un moyen organique qui anéantira tout despotisme et fera que les
peuples divisés ne feront plus qu'un tout homogène.

RÉPUBLIQUE UNIVERSELLE

ABOLITION
DU
DESPOTISME EN FRANCE

ET EN GÉNÉRAL

DE TOUTES LES PUISSANCES DU MONDE

Que les peuples n'aient plus de barrières ni d'oppression; sachant eux-mêmes se gouverner en se coalisant par petits groupes, de manière que ces groupes n'en fassent qu'un seul, jugeant eux-mêmes leurs propres intérêts, donnant à chacun sa part de bien-être.

Citoyens,

Pour fonder une institution d'une aussi haute importance et atteindre un but aussi difficile, il s'agit de mettre à l'œuvre toute notre intelligence, que chacun comprenne bien qu'il est le défenseur de ses droits, qu'il parle ou agit

au nom de toute une nation, de tous les peuples, et que
tous ces peuples se résument en chacun de nous, c'est-à-
dire que nous ne pourrons rien être les uns sans les autres.

Pour mettre en action un pareil projet, j'ai réuni vingt
de mes amis pour leur soumettre mon idée ; ils m'ont pro-
mis de la faire accepter par vingt des leurs, qui, à leur
tour, nous amènerons quatre cents adeptes. Si ces quatre
cents citoyens en font autant et que nous nous réunissions
tous les mois, au deuxième mois, nous en aurons huit mille ;
en procédant ainsi, nous aurons conquis le monde en six
mois.

Un tableau fera mieux ressortir notre idée :

Mois	Nombre des groupes fédérés
1er	400
2e	8.000
3e	160.000
4e	3.200.000
5e	64.000.000
6e	1.280.000.000

Aussitôt que le nombre de 400 sera atteint, la Société ré-
digera des statuts, conformément aux principes de la République universelle.

L'abolition du despotisme doit mettre sous les yeux de
chacun de nous ce que nous nous devons les uns aux autres ;
ce que nous devons à la terre et ce que la terre doit nous
rendre en récompense de notre travail.

Cette terre qui nous porte, qui demande notre travail,
doit à un moment donné nous nourrir. C'est-à-dire que le
travailleur, sortant de n'importe quelle nation et apparte-
nant à une industrie quelconque, le résultat de son travail
doit lui appartenir tout entier. Donc, réjouissez-vous tra-
vailleurs ! Quand les forces vous abandonneront, vous trou-
verez sur cette terre un abri et un bien-être ignorés jus-

qu'à ce jour ; les tourments perpétuels de cette vie vont cesser en vous mettant chacun à l'œuvre et remplissant vos devoirs de citoyen, que chacun de nous est appelé à remplir sans distinction de rang ni de fortune. Tout homme valide et jouissant de ses droits civils, sera le représentant du peuple et de toute la nation ; la multitude sera la force. Comme je l'ai déjà dit, aucun de nous ne pourra rien être sans l'assentiment de l'autre ; nous serons tous appelés à répondre sur notre prospérité, et de là s'accomplira cette parole de l'Évangile : « Les premiers seront les derniers, et les derniers seront les premiers. » C'est-à-dire (voir le tableau) que ces groupes de citoyens formés de *vingt*, se correspondant les uns par les autres, seront tous appelés à discuter leurs propres intérêts, ainsi que toutes les grandeurs de la nation ; le premier groupe servant de base à notre institution ne pourra rien sans l'assentiment du millionième représenté sur le tableau. Tous seront égaux. Il est bien entendu que ce genre d'organisation ne touchera en rien ni pour rien à la liberté du travail ni à celle de la fortune, laissera à chacun son grade, sa fortune, son rang, sa liberté ; celui qui possédera sera parfaitement libre de faire de sa fortune ce que bon lui semblera ; la possession ne pourra disparaître des mains de celui qui possède que selon son intelligence et sa volonté ; libre à qui voudra de jeter sa fortune au vent, libre à qui voudra la faire prospérer. Le but de mon institution est de rendre un peuple heureux, et pour le rendre heureux, il faut le laisser libre de toutes ses forces, de tout son travail, de toute son intelligence, et c'est par cette liberté que chaque citoyen doit se borner à accomplir cette légende : *Liberté, Egalité, Fraternité*. Et pour que ces trois paroles s'accomplissent, il s'agit de faire participer les droits de chaque personne ayant su conserver son rang de citoyen libre, au bonheur que lui a produit son intelligence et son travail. A un moment donné, les forces manquent au travailleur, et le jour où ses forces l'abandonnent, il doit participer au bonheur d'un de ces trois mots : *Egalité*. Donc, citoyen, la force de notre multitude doit assurer l'avenir de chacun de nous; prélever sur les produits de cette mère nourrice, la terre, qui nous porte; nous devons tous être libres, partager en frères et être égaux.

Il est inutile de vous dire, citoyen, que dans l'abolition du despotisme, nous voyons disparaître tout le régime actuel de notre organisation, un monde nouveau, des lois nouvelles; qu'il ne reste pas un vestige de ce qui pourrait tyranniser les uns ou les autres parmi nous. Nous devons nous-mêmes former les lois, puisque nous sommes la loi; nous devons former nos gouvernements, puisque nous sommes gouvernement.

Je ne puis vous donner aussi rapidement que je le voudrais l'organisation de nos lois nouvelles, attendu que je suis seul et que nous sommes tous appelés à donner notre assentiment. Cependant, je vais émettre quelques idées :

Comme aucun citoyen ne pourra se dispenser de faire partie d'un de ces groupes, depuis le peuple le plus barbare jusqu'à notre civilisation, la personne coupable d'un délit ou diffamation quelconque de petite gravité, aura à subir la loi que lui infligera le groupe auquel il appartiendra, et aucune loi ne pourra exister dans un groupe sans qu'elle n'ait été approuvée par l'universalité de tous les groupes; une loi pour chaque chose et une seule pour tous. Pour les crimes de haute gravité où le citoyen perd tous ses droits civils, la loi ne peut lui être appliquée que lorsqu'un certain nombre de groupes se seraient prononcés à son égard. La dégradation du droit civil retire le citoyen de tous les groupes et le condamne à la déportation, placé dans un endroit où il lui soit impossible d'agir, le méchant n'ayant de refuge nulle part que sous notre garde. Nous connaissant tous par notre union, partageant les mêmes sentiments que nous donnera la force de notre organisation, nous n'aurons à infliger que des peines légères à nos pénitenciers; étant certains à l'avance qu'ils n'auront point de sauvegarde, il est plus que probable que les crimes seront beaucoup moins répandus.

A mon point de vue, nous aurons une organisation très facile à émettre au sujet des travaux de grande nécessité ; nous nous entretiendrons de cet article quand l'organisation sera établie.

Je me suis servi du nombre de vingt pour former les groupes, mais il est probable pour les grandes villes qu'elles nécessiteront un plus grand nombre, et la ville possédant le plus grand nombre d'habitants sera reconnue capitale universelle. Pour le moment, je déclare Paris la capitale comme fondatrice de l'institution. Je ne déclare Paris, capitale, que pour la forme organique et universelle, laissant au peuple de chaque nation la pure liberté de s'administrer lui-même en tout ce qui pourra le concerner. Une fois notre organisation bien établie, que les puissances étrangères se rendront volontairement à nous, se soumettant à nos lois, venant apposer leur signature sur notre cadre, et pour cela, il s'agit de former un bien-être pour tous, un avenir assuré par notre fortune et par notre travail, dont tout honnête personne, sans distinction de rang ni de sexe, doit participer à l'héritage de 600 francs de rente à 55 ans. Donc, celui qui aura le bonheur de posséder, aura sa part de bien-être plus large.

PREMIER AGE DE LA VIE

Cette nouvelle organisation me porte, citoyens, à faire du genre humain trois classes bien distinctes, qui auront chacune leur place respective. Elle doit concerner d'abord la jeunesse, le moyen d'élever les enfants, de leur donner tous les éléments et tous les fruits nécessaires au développement de leur force morale et de leur force physique. De l'une et de l'autre de ces deux forces dépendra l'avenir de chacun d'eux. Comme nous recevrons tous les mêmes éléments pour nous diriger vers l'avenir, nous devrons tous posséder assez de cette force pour remplir la tâche qui nous sera assignée, celle d'être le représentant de tous nos droits.

Ces éléments, aussi nécessaires pour la conservation de chacun de nous que le pain de chaque jour, nous seront donnés à chacun également, de manière que le jour où l'enfant deviendra homme il n'ait plus à lutter, sur le champ de l'industrie, qu'à force égale, il soit apte à représenter ses droits et à discuter ses lois, le jour qu'il sera appelé à jouir de ses droits de citoyen. Ce jour-là s'accomplira le premier âge de l'existence humaine ; l'homme sera devenu fort et la femme s'appartiendra. Ayant reçu la même éducation que l'homme, elle devra posséder la même force morale pour se défendre contre les faiblesses de la nature. Je ne m'entretiendrai pas pour le moment des détails de l'éducation. Ce travail doit être fait dans notre organisation, c'est-à-dire quand elle sera établie.

DEUXIÈME AGE DE LA VIE

Je passerai rapidement sur le deuxième âge de la vie, où doivent se développer toutes les causes grandes ou petites, les mêmes éléments nous ayant été donnés à tous, nous posséderons cette même égalité concernant la force des lois; nous serons tous appelés comme je vous l'ai dit à donner notre assentiment; rien ne pourra s'accomplir sans notre décision à tous; nos groupes divisés n'auront qu'à formuler sur ce qui leur paraîtra le plus nécessaire à l'amélioration de notre existence, et de là se réuniront pour sanctionner ce qu'ils auront résolu en nombre partiel, de manière que le trouble ne soit jamais répandu parmi les groupes réunis. Si le lecteur pouvait partager les mêmes sentiments, je verrais avec plaisir vingt groupes formant une parfaite union, approuver l'assentiment de ce que chaque groupe aurait à donner aux élus de la nation. Ces mêmes élus, que j'ai porté sur le tableau à 400 (pour tout l'univers), forment les vingt premiers groupes que nous aurons nous-mêmes nommés pour être nos représentants; ils n'auront qu'à sanctionner les lois qui auront été formulées par chaque groupe de l'univers, et qu'aucune loi ne puisse être sanctionnée par les élus de la nation sans qu'elle n'ait été mise à la connaissance de tous. Comme ces élus appartiennent tout entiers à la nation elle-même, nous aurons donc plein pouvoir sur eux; notre droit sera celui de reconnaître toutes les capacités de celui qui aura été nommé par un nombre déterminé de groupes, et que ces groupes se réservent le droit sur l'élu de la nation de pouvoir, s'il ne remplissait pas les fonctions qui lui seront assignées, le remplacer par un autre citoyen plus apte à notre conservation légitime.

Je le répète encore, l'abolition du despotisme doit abolir tout le fonctionnarisme qui domine sur chacun de nous; nous ne devons reconnaître sur la terre qu'un seul dieu, et le dieu que nous devons reconnaître, d'où dépend tout le bien-être que nous devons acquérir, ce sont nos lois; nos lois seules doivent être notre dieu, car je ne crois pas me tromper en vous disant que le bien ou le mal ne vient jamais que par un décret plus ou moins bien appliqué. C'est donc pour cette raison que nous devons tous être appelés à donner tous les éléments nécessaires pour formuler une loi que nous reconnaîtrons pure; qu'elle soit dépouillée de toute substance nuisible à notre conservation, avant d'être sanctionnée par nos élus. J'en aurais encore bien long à vous dire, citoyens, mais j'attends que notre union fraternelle soit organisée pour forger entre nous le levier de la délivrance.

TROISIÈME AGE DE LA VIE

Voilà, citoyens, le moment arrivé de l'anéantissement de toutes nos misères. Chacun recevra sa juste répartition du bien qu'il aura su se créer ; il pourra se reposer sans s'inquiéter de l'avenir. Mais si cependant l'âge que je prémédite n'était pas assez avancé pour que toutes les forces puissent être éteintes, celui dont les circonstances de la localité ne permettraient pas de pouvoir subvenir à tous ses besoins, pourrait être investi d'un mandat concernant l'ordre public. Comme le citoyen, en rentrant dans le troisième âge de la vie, perd tous ses droits de citoyen, il doit donc de plein droit jouir d'une toute autre priorité. C'est lui qui sera le gardien de son trésor; c'est lui, à mon point de vue, n'exerçant plus ses droits de citoyen, qui sera chargé de prélever sur chaque fortune et sur chaque produit la somme qui sera jugée nécessaire par notre approbation à son existence. Il veillera à ce que les répartitions soient justement prélevées sur chaque citoyen, et aussi justement réparties à chacun d'eux. Le fonctionnarisme du troisième âge de la vie pourra jouer un grand rôle; il aura également son organisation, et, je n'ai pas besoin de le dire, elle ne sera pas la moins scientifique.

Je termine, citoyens, en appelant toute votre intelligence pour aider à développer les quelques idées que je soumets à votre approbation.

Salut et fraternité à tous et pour tous.

P. Bordage.